DISCOURS

PRONONCÉ PAR M. BLONDEAU,

DOYEN DE LA FACULTÉ DE DROIT DE PARIS,

A LA SÉANCE DE RENTRÉE,

LE 7 NOVEMBRE 1840.

PARIS. — COSSON, IMPRIMEUR DE L'ACADÉMIE ROYALE DE MÉDECINE,
Rue Saint-Germain-des-Prés, 9.

DISCOURS

PRONONCÉ PAR M. BLONDEAU

A LA SÉANCE DE RENTRÉE DE LA FACULTÉ DE DROIT DE PARIS.

LE 7 NOVEMBRE 1840.

Messieurs,

Il y a trente-trois ans qu'à pareil jour je prononçais le discours de rentrée, à l'École de droit de Strasbourg. J'étais alors le plus jeune suppléant de la moins ancienne des écoles créées par la loi du 13 mars 1804.—L'organisation donnée par cette loi à l'enseignement de la jurisprudence n'avait pas encore été assez éprouvée pour qu'on pût la juger, et je manquais peut-être de la maturité nécessaire pour remplir la tâche qui m'était imposée.

En vertu de l'*Instruction* des Inspecteurs généraux des écoles de droit, Instruction approuvée par le Grand-juge le 19 mars 1807, j'avais une double mission à remplir : je devais rendre compte au public de la situation de l'École de Strasbourg, c'est-à-dire d'un établissement qui n'avait encore qu'une année d'existence, et je devais indiquer aux élèves les diverses sources d'instruction que leur offrait cette école (1).

Mon discours eut principalement ce dernier point pour objet ; je m'attachai à exposer le système de distribution des études de droit, tel qu'il venait d'être établi en exécution du décret organique du 21 septembre 1804.

Qu'il me soit permis de vous lire quelques pages de ce dis-

(1) Toutes les écoles de droit avaient alors le même nombre de chaires ; par conséquent mes observations sur l'École de Strasbourg étaient applicables aux autres écoles organisées un peu plus tôt qu'elle.

cours ; elles me fourniront un point de départ pour apprécier l'importance des sujets d'enseignement qui ont été successivement ajoutés à ceux qui appartenaient à l'organisation primitive des écoles de droit.

« Les nouvelles écoles, disais-je, en m'adressant aux élèves, vous offrent des sources d'instruction bien plus abondantes que celles que l'on trouvait dans les établissemens que la révolution de 1789 a fait disparaître. — Un cours sur les *Institutes de Justinien*, un cours de *droit canonique*, et un cours annuel de *droit français* (1), voilà tout ce que renfermait le cadre de ces écoles, d'ailleurs bien peu fréquentée set dont les grades cependant ouvraient la carrière du barreau et de la magistrature.

» Aujourd'hui, le *droit canonique* ne fait plus, il est vrai, partie de l'enseignement juridique ; mais combien cet enseignement est d'ailleurs devenu plus riche !

» Le cours de *droit français*, devenu triennal, est accompagné : pendant la première année, d'un cours de *droit romain*; pendant la seconde, d'un cours de *droit pénal et de procédure civile ou criminelle;* pendant la 2ᵉ et la 3ᵉ d'un cours de *droit public français* et d'un cours de *droit civil dans ses rapports avec l'administration publique.*

» La loi du 13 mars 1804 promettait, en outre, l'établissement d'un cours de *droit naturel* ; le décret organique du 20 septembre ne réalisa pas cette promesse, au moins d'une manière explicite ; mais en imposant au professeur chargé de l'enseignement du Code civil, l'obligation de commencer son cours par une *introduction générale à l'étude du droit*, les Inspecteurs généraux ont rempli cette lacune du décret ; en effet, que peut-on entendre par *droit naturel*, ou (pour employer les expressions de la loi) par *élémens du droit naturel et*

(1) Encore ce cours n'existait-il peut-être que dans quelques universités.

du droit des gens, si ce n'est ce qui fait nécessairement l'objet d'une pareille *introduction*, c'est-à-dire la génération des idées de *société civile*, de *droit* et d'*obligation*, la définition des divers *pouvoirs politiques*, la distinction du *droit public* et du *droit privé*, et la démarcation des limites qui séparent la *législation*, c'est-à-dire l'art de faire les lois, de la *jurisprudence*, c'est-à-dire de l'art de les appliquer.

» Suivant la même Instruction des Inspecteurs généraux, le professeur de droit romain doit commencer son cours par un *précis historique de la législation romaine*, et le professeur de Code civil, par l'*histoire des variations de notre droit français*.

» Les cours de *droit public français* et de *droit administratif* n'étant pas confiés à des professeurs spéciaux, mais au professeur de Code civil, qui a déjà une tâche si grande à remplir, on conçoit que ce professeur ne saurait donner à ces deux branches de la science tous les développemens dont elles sont susceptibles : la brièveté du temps qu'il peut y consacrer, l'avertit qu'il ne s'agit pas d'entrer bien avant dans la théorie de ces matières, et que son enseignement doit surtout s'appliquer aux connaissances positives et pratiques.

» Tel est, messieurs (ajoutais-je, en m'adressant à tout l'auditoire (1)), le riche faisceau d'études que nos écoles présentent.

» On peut, il est vrai, signaler quelques lacunes, car le *droit commercial*, le *droit rural* et le *droit forestier* ne font pas partie de notre enseignement (2) ; mais c'est une omission qui ne doit être que temporaire : le gouvernement

(1) Les autorités départementales et municipales, la plupart des professeurs de l'École de médecine, et un grand nombre de citoyens de toutes les classes, assistaient à la séance.

(2) C'est en 1807 que je m'exprimais ainsi.

a pensé qu'au moment où l'on s'occupe de co lifier ces diverses branches du droit, il était inutile d'imposer aux jeunes gens l'obligation d'étudier des lois ou usages qui seront peut-être abrogés avant que les professeurs en aient pu achever l'explication.

» Un reproche qui, au premier aperçu, semble mieux fondé, c'est que tous les cours établis par la loi et le décret de 1804, paraissent avoir plutôt pour objet d'aider les élèves à placer dans leur mémoire les dispositions législatives, que de leur fournir des règles de *jurisprudence*, c'est-à-dire, que de leur exposer les théories qui constituent l'*art du jurisconsulte*, telles que la *théorie des preuves en matière civile et criminelle*, la *théorie des fautes* et celle *des pertes à distribuer*, la *théorie des dommages-intérêts*, etc.

» Mais ceux qui adresseraient ce reproche aux auteurs de la loi et du décret de 1804 ne savent donc pas ce que doit être aujourd'hui un *cours de droit romain ?* Ils croient peut-être que, sous ce titre, ce sont les *lois* établies sous la république ou sous les empereurs qu'il s'agit d'enseigner, et que le professeur de droit romain a pour but final d'expliquer aux élèves des institutions qui ne conviennent ni à notre forme de gouvernement, ni à nos mœurs, ni à notre civilisation, par exemple, l'institution de l'esclavage et celle de la famille romaine, la distinction du pouvoir prétorien et du pouvoir législatif, les lois fiscales de l'empire, la distinction des citoyens et des *peregrini*, à laquelle correspondait celle du *droit des gens* et du *droit civil*, etc.

» C'est là, messieurs, une grave erreur.

» Ce que nous appelons aujourd'hui le *droit romain*, ce sont les théories que les grands jurisconsultes du siècle d'Alexandre-Sévère ont formulées sur les diverses branches de l'*art d'appliquer les lois*; c'est le fruit des longues élucubrations des jurisconsultes qui les ont précédés et des luttes établies entre leurs diverses écoles, relativement aux matières que je signalais tout à l'heure : la *preuve au civil et au criminel*, la *distribution des pertes*, l'*imputabilité des fautes*, les *dommages-intérêts*, etc. Ces doctrines sont indépendantes de la législation positive à l'occasion de laquelle elles ont été élaborées ; et voilà, messieurs, ce qui fait que l'étude du droit romain survivra à tous les changemens de législation que pourront éprouver les peuples chez lesquels on en cultive l'étude ; voilà ce qui fait qu'après la révolution de 1789 qui a tout renouvelé parmi nous, on n'a pas pu ressusciter les écoles de droit, sans mettre le droit romain au 1er rang des objets d'enseignement confiés aux nouvelles écoles. »

Telle est, messieurs, l'opinion que j'exprimais, en 1807, sur l'organisation donnée aux études de droit par la loi et le décret de 1804.

Le système d'enseignement dont je faisais alors une apologie que vous trouverez peut-être exagérée, a éprouvé depuis plus d'une révolution : on l'a agrandi ; ensuite on l'a réduit en-deçà de ses limites primitives ; puis on l'a agrandi de nouveau.

La création, en 1809, d'une chaire de *droit commercial*, n'était qu'un complément promis et attendu. Mais on institua, en même temps, une chaire de *droit français approfondi* : conception malheureuse, si ce cours ne devait embrasser que le droit privé ! En effet, le professeur de Code civil, pendant son cours de trois années, ne donne-t-il pas déjà une explication assez approfondie de ce droit ? et en supposant que quelques matières eussent besoin d'une explication plus étendue, ce n'était pas par la création d'un nouveau cours qu'il fallait essayer de pourvoir à ce besoin, c'était en ajoutant une année au cours de Code civil, car les développemens d'une science doivent appartenir au professeur qui en a posé les élémens.

En 1819, lorsque la pensée de réunir dans une même école l'enseignement nécessaire soit à la magistrature soit au barreau, et celui qui convient aux hommes politiques et aux administrateurs, amena la création de quatre nouvelles chaires, celle de *droit français approfondi* fut supprimée, malgré la tendance qu'on avait alors à agrandir, non seulement la destination des écoles de droit, mais aussi le cadre des études de l'avocat et du juge; et cette chaire ne fut pas rétablie en 1822, lorsqu'une pensée toute différente fit rentrer l'enseignement de la faculté dans ses premières limites : on préféra donner un champ plus large aux théories qui constituent la jurisprudence proprement dite, en créant une nouvelle chaire de droit romain, sous le titre de *chaire de Pandectes.*

Les chaires d'*économie politique,* de *droit naturel et des gens,* et d'*histoire philosophique du droit,* chaires qui conviennent, on doit l'avouer, bien plus aux hommes politiques qu'aux fonctionnaires de l'ordre judiciaire, furent supprimées.

On supprima même la chaire de *droit administratif.*

Mais, dès 1828, on s'est rapproché de l'idée qui avait prévalu en 1819; la chaire de *droit administratif* fut d'abord rétablie par ordonnance du 19 juin 1828, et, peu de mois après, la chaire d'*histoire du droit* le fut également.

En 1834, la faculté s'est enrichie d'une chaire de *droit constitutionnel français,* chaire qu'on peut considérer comme appartenant au cadre primitif des Écoles de droit, car qu'est-ce que le législateur de 1804 a pu entendre par *droit public français,* distinct du *droit administratif,* si ce n'est ce qu'on appelle aujourd'hui le *droit constitutionnel?*

L'année 1837 a ajouté aux objets de notre enseignement la *législation pénale comparée.*

Certes, malgré l'apologie que je faisais, en 1807, de la délimitation que l'enseignement du droit avait reçue à cette époque, je suis loin de mettre en doute l'utilité d'aucune des chaires établies dans notre faculté.

Je me permettrai cependant d'élever ici un doute; n'aurait-on pas, dans quelques-unes des créations qui ont étendu la sphère de notre enseignement, confondu l'art modeste qu'on appelle le *droit* ou la *jurisprudence*, avec les hautes sciences de la *politique* et de l'*administration?*

Il faut, suivant moi, se garder de mettre sur la même ligne le simple jurisconsulte (l'avocat ou le juge) et l'homme politique ou l'administrateur; les besoins scientifiques de l'un peuvent, à certains égards, être les mêmes que ceux des autres; mais il y a bien des choses que le jurisconsulte peut se dispenser d'étudier, et dont la connaissance est nécessaire à l'administrateur, au diplomate, à l'homme d'état.....

Convient-il néanmoins que la même école offre aux uns et aux autres tout l'enseignement supérieur que réclament leurs positions diverses?

Les auteurs de l'ordonnance de 1819 ont eu cette pensée, et, après avoir été abandonnée en 1822, elle semble prévaloir aujourd'hui dans l'esprit d'un certain nombre de personnes qui n'ont point été à même de reconnaître l'inconvénient de trop exiger des élèves et d'accroître avec excès la population d'une école.

Nous n'entendons pas discuter ici cette grave question; nous-nous contenterons d'affirmer que l'enseignement de la *jurisprudence proprement dite* (c'est-à-dire des objets d'étude nécessaires au magistrat et à l'avocat) est plus qu'au complet dans notre faculté : il est impossible d'exiger de nos élèves, dans les trois ans qu'ils passent à l'école, plus qu'on n'exige maintenant, et nos amphithéâtres suffisent à peine au nombre des leçons qui doivent y être données et au nombre des élèves qu'ils devraient contenir (1).

Si nous n'avons, messieurs, aucun changement à désirer dans l'organisation de notre école sous le rapport du nombre des chaires, surtout depuis que de jeunes professeurs pleins de zèle, développent, pour les élèves qui ont plus de temps à donner à l'étude ou moins de facilité pour apprendre, quelques points de la science que les professeurs titulaires expliquent dans un espace de temps qu'ils ont dû fixer eu égard aux *intelligences ordinaires* et à la *durée commune* des études de droit, voyons si, sous le rapport de la distribution des cours et de la méthode d'enseignement, il ne reste pasquelques améliorations à désirer.

Il en est deux qui doivent être essayées cette année :

D'abord, le cours d'*introduction à l'étude du droit* sera fait par un professeur spécial. Cette innovation ne dispensera

(1) Si on établissait, à côté de la *faculté de jurisprudence*, une *faculté des sciences politiques et administratives*, certains cours pourraient être communs aux élèves de l'une et de l'autre faculté, comme un cours de médecine légale pourrait être commun aux élèves en médecine et aux élèves en droit ; mais cette mesure d'économie ne devrait pas avoir lieu au préjudice du bon ordre et de l'intérêt des étudians, et lorsque le nombre de ces derniers exigerait le dédoublement d'un cours, au lieu de donner la seconde chaire à la faculté qui possède déjà la première, on aurait soin d'en doter l'autre faculté.

Au reste, le nombre des cours qui pourraient convenir aux deux classes d'élèves est beaucoup moindre qu'on ne le croit : le *Code civil*, par exemple, n'a pas besoin d'être enseigné pour une classe avec tous les développemens que l'autre classe doit désirer. Tout en admettant le système des emprunts réciproques entre la *faculté des sciences morales et politiques* et la *faculté de jurisprudence*, je désirerais que chaque faculté, eût avec sa tendance spéciale, son esprit particulier, et que les intérêts de l'une ne fussent jamais sacrifiés aux intérêts de l'autre.

pas les professeurs chargés du cours élémentaire de droit romain et du cours de Code civil de commencer leur enseignement par l'explication du sens qu'ils attachent à ce qu'on peut appeler les mots *cardinaux* de la science du droit, tels que les mots : *loi, droit, obligation, pouvoir politique*, etc. : chacun d'eux continuera à expliquer sa langue scientifique aux élèves de son cours , avant de discuter avec eux les questions ardues de la science. — Mais le professeur chargé spécialement de l'enseignement de ce qu'on appelle en Allemagne *l'encyclopédie et la méthodologie du droit* , comparera les diverses acceptions que ces mêmes mots ont reçues , et les systèmes d'où elles dérivent ; il fera connaître les rapports qui existent entre la science du droit et d'autres sciences , les secours que celles-ci peuvent lui offrir , et ceux qu'elles peuvent attendre d'elle ; il déterminera les diverses branches du droit, et montrera le lien qui les unit.

Le second essai d'amélioration consiste en ce qu'au lieu de suivre servilement l'ordre du Code civil, c'est-à-dire l'ordre d'un livre qui n'a pas été composé comme ouvrage didactique et qui par conséquent ne s'adresse point à ceux qui commencent l'étude du droit , plusieurs professeurs vont adopter un ordre systématique. Cette méthode qui, au surplus, n'est qu'un retour à ce qui fut pratiqué pendant bien longtemps dans toutes les écoles, et se pratique peut-être encore dans quelques-unes (1), nous paraît devoir produire d'utiles résultats , alors même que quelques professeurs continue-

---

(1) M. Delvincourt, non-seulement ne suivait pas l'ordre des articles du Code, mais il transportait certains titres d'un livre à l'autre ; par exemple, il expliquait la *prescription* immédiatement après les *contrats* , les *hypothèques* avant le *prêt* et le *dépôt*, et terminait son ouvrage (divisé d'ailleurs en 4 livres, tandis que le Code n'en a que 3) par les *engagemens qui se forment sans convention*.

raient à suivre l'ordre du Code; des méthodes différentes satisferont aux besoins différens des diverses intelligences ( ).

Après cette exposition des richesses de notre enseignement actuel , j'aurais à vous entretenir , messieurs , d'une institution que nous inaugurons aujourd'hui, institution qui, désirée depuis long-temps par la faculté , a été successivement accueillie par deux ministres (2), sortis l'un et l'autre de l'Université, et connaissant mieux que personne, surtout par leur propre expérience , les mobiles qui développent les facultés de l'esprit et font éclore les talens supérieurs. — Mais je laisse cette tâche à remplir à l'un de mes collègues que la faculté a chargé de rendre compte des premiers concours ouverts parmi nos élèves. Je lui confie en même temps le soin d'exprimer la reconnaissance que nous devons à la mère infortunée d'un de nos jeunes docteurs (enlevé si tôt à la science !), qui a bien voulu contribuer à fonder cette institution nouvelle.

Je terminerai cette espèce de statistique de notre école, en mettant sous vos yeux le nombre des étudians qui se sont inscrits l'an dernier pour suivre les cours , et celui des candidats qui ont obtenu le diplôme nécessaire pour suivre la carrière de la magistrature ou du barreau. J'établirai quelques rapprochemens entre ces chiffres et ceux des années antérieures.

Le nombre de nos élèves, au trimestre de novembre 1839, a été de 3,143 , nombre à peu près égal à celui des années 1837 et 1838 ; ce nombre avait été dépassé dans les quatre

(1) Telle a sans doute été la pensée des auteurs de l'Instruction de 1807, dont l'art. 40 est ainsi conçu : « Chaque professeur est libre de remplir les obligations que la loi lui impose relativement à l'enseignement, de la manière qu'il croit la plus convenable, et de suivre, dans ses cours, la méthode qui lui paraît la plus utile. »

(2) M. Villemain d'abord , ensuite M. Cousin.

années précédentes, et surtout en 1835 , époque où il s'éleva jusqu'à 3,454.

Lorsqu'un résultat statistique demeure le même pendant plusieurs années , on peut croire que ce résultat est d'accord avec la forme du gouvernement sous lequel il se produit, et avec les rapports que ce gouvernement entretient avec les gouvernemens étrangers.

Sous l'empire , quoique notre territoire fût beaucoup plus étendu qu'aujourd'hui, le nombre des inscriptions ne dépassa pas 1,700; c'est qu'un état de guerre permanent enlevait aux écoles, pour les transporter aux armées, un grand nombre de jeunes gens.

Sous la restauration, le chiffre des inscriptions, après avoir atteint le nombre de 2,800, resta fixe au dessous de 2,500; il était de 2,456 en novembre 1830.

Ainsi , les chiffres 17 , 25 et 31 indiquent le rapport entre le nombre des élèves de l'École de droit de Paris : 1° sous le gouvernement impérial ; 2° sous la restauration; et 3° sous le gouvernement actuel.

Durand la première période, le nombre annuel des réceptions de licenciés ne s'est pas élevé au-delà de 261 ; c'est le chiffre de l'année scolaire 1812-1813, pendant laquelle il a été reçu, en outre , 38 capables et 9 docteurs.

Sous la restauration , on peut considérer comme terme moyen des réceptions, 450 licenciés, 100 capables et 12 docteurs. En 1823-1824 , le nombre des réceptions de licenciés s'est élevé jusqu'à 625, et durant la même année , il fut, en outre , reçu 90 capables et 11 docteurs. Mais , depuis 1823, le chiffre des licenciés a constamment baissé : il n'était plus que de 445 en 1829-1830.

L'année dernière nous avons eu 608 licenciés , 56 capables et 20 docteurs; en 1836-1837, le nombre des licenciés s'é-

tait élevé à 662, celui des capables à 72 ; 37 docteurs seulement avaient été reçus.

On peut considérer le chiffre 600 comme exprimant le terme
moyen des réceptions de licenciés sous le gouvernement actuel.
Le nombre des *capables* va diminuant d'année en année, et
l'on doit espérer que ce grade sera bientôt supprimé.

Le nombre des docteurs s'est accru dans la même pro-
portion que celui des licenciés : sous l'empire, il n'y avait
guère que 5 diplômes de doctorat délivrés chaque année par
notre faculté ; sous la restauration , le nombre moyen s'est
élevé à 12, et il est arrivé à 22 sous le gouvernement actuel.

Disons maintenant un mot de la juste sévérité qu'appor-
tent, dans l'exercice des fonctions d'examinateurs, les mem-
bres de notre faculté.

Nous n'avons pas de renseignemens positifs sur les scrutins
d'examens antérieurs à la révolution de juillet (1).

Depuis cette époque , le nombre des ajournemens a aug-
menté d'année en année : en 1835-1836 , sur 3642 examens
pour la licence ou le baccalauréat, il y avait eu 571 ajournemens , tandis que , sur le même nombre , à 2 près , nous en
avons eu 786 l'année dernière.

En 1835-1836 , sur 689 thèses de licence , il n'y avait eu
que 38 ajournemens ; il y en a eu , l'an dernier, 79 sur 686.

En 1837-1838 , sur 25 thèses de doctorat , il y a eu seulement 1 ajournement ; il y en a eu 4 sur 24, l'an dernier.

Enfin, sur 86 examens de capacité , il y avait eu, en 1836-
1837, 14 ajournemens ; l'année dernière, sur 88 examens, il
y a eu 32 ajournemens.

(1) Nous donnerons ci-après, comme pièces justificatives, des tableaux indiquant, pour chaque année scolaire : 1° à partir de 1805, le nombre des élèves
inscrits et le nombre des grades accordés par l'école ; 2° de plus , mais à partir
de 1830 seulement, le nombre des thèses ou examens subis , avec ou sans
succès.

Messieurs, quoique l'usage de la faculté soit d'attendre, pour payer publiquement le tribut de regrets qu'elle doit à la mémoire des professeurs que la mort lui enlève, le moment du concours qui doit les remplacer, je ne veux pas laisser passer cette séance, où la faculté se réunit pour la première fois depuis la mort de M. Simon, sans jeter quelques fleurs sur la tombe de ce digne collègue.

M. Simon n'a pas laissé de travaux relatifs à la science du droit; d'autres études l'ont plus fortement occupé. Il a cependant bien mérité des professeurs et des étudians de cette école par le zèle qu'il a apporté, durant trente-six années, à l'accomplissement de toutes les fonctions professorales.

Né à Gisors, le 9 avril 1761, M. Simon vint faire ses études à Paris, au collége Montaigu. Par ses nombreux succès universitaires, non-seulement il mérita une bourse pour lui-même, mais il en obtint une pour son frère, dont il dirigea l'éducation ; commençant à se montrer dès-lors, ainsi qu'il a continué à le faire pendant le reste de sa vie, le soutien et le bienfaiteur de toute sa famille.

Reçu docteur en droit en 1786, il fit ses premières armes au concours qui eut lieu pendant les années 1789 et 1790.

La révolution l'enleva aux fonctions de l'enseignement pour le jeter dans la carrière, si périlleuse alors, de l'administration.

Emprisonné en 1793, il recouvra sa liberté au 9 thermidor.

Appelé dans les bureaux du Comité de salut public, pour être attaché à la section des affaires extérieures, il se distingua par de nombreux travaux qui se rattachent au rétablissement des relations pacifiques de la France avec les autres peuples.

En 1798, sans cesser d'appartenir au département des affaires étrangères, il se trouva rappelé à des fonctions plus conformes à sa vocation première : il fut chargé de diriger l'école des langues orientales, placée au sein du lycée impérial.

En même temps qu'il organisait cet établissement, il coopéra de la manière la plus utile à l'organisation du lycée lui-même.

L'école des langues orientales a fourni un grand nombre de sujets distingués, et l'administration sage et paternelle de son directeur n'a jamais rencontré que des éloges ; aussi personne n'a pu s'expliquer la mesure qui, en 1826, supprima, brusquement et sans indemnité pour M. Simon, cet établissement utile.

Depuis le rétablissement des Écoles de droit, M. Simon remplissait à l'École de Paris les fonctions de professeur-suppléant.

Son zèle pour l'enseignement ne s'est pas démenti un instant et plusieurs de ses élèves, maintenant professeurs, peuvent dire avec combien de désintéressement il les initia aux premiers élémens de la science du droit.

Chargé par *intérim* d'un cours de Code civil, après la mort de M. Boulage, il lui fallut un grand courage pour vaincre les obstacles qu'opposait alors à son zèle une santé délabrée ; cependant jamais sa chaire ne demeura vide ; jamais, tout épuisé qu'il était en finissant ses leçons, il ne refusa les explications que les élèves venaient lui demander : il semblait qu'il retrouvât des forces pour leur prodiguer ses conseils et ses gracieux encouragemens.

Philosophe religieux, M. Simon s'est endormi sans que la souffrance ait un seul instant altéré cette douceur et ce sentiment de bienveillance qui l'ont fait aimer de tous ceux qui l'ont connu, et qui laisseront d'éternels regrets à ceux qui ont eu l'avantage d'avoir avec lui d'intimes relations.

----

*Tableau des inscriptions prises à l'Ecole de Droit de Paris, depuis son réta-
blissement (1) jusques et compris l'année scolaire 1839-1840.*

ANNÉES SCOLAIRES.	1er TRIMESTRE.	2e TRIMESTRE.	3e TRIMESTRE.	4e TRIMESTRE.
1805 — 06	500	470	505	505
1806 — 07	667	693	713	694
1807 — 08	920	907	885	859
1808 — 09	1095	1090	1126	1073
1809 — 10	1290	1252	1242	1188
1810 — 11	1441	1385	1330	1328
1811 — 12	1634	1584	1532	1534
1812 — 13	1709	1731	1642	1448
1813 — 14	1397	1179	911	973
1814 — 15	1533	1482	1262	1078
1815 — 16	1334	1291	1314	1259
1816 — 17	1720	1711	1694	1592
1817 — 18	2055	2036	1994	1909
1818 — 19	2388	2374	2311	»
1819 — 20	3097	2739	2595	2405
1820 — 21	2628	2460	2335	2214
1821 — 22	2803	2708	2436	2252
1822 — 23	2557	2370	2139	2010
1823 — 24	2365	2225	2001	1921
1824 — 25	2330	2103	1929	1847
1825 — 26	2243	2120	1968	1851
1826 — 27	2337	2281	2079	1986
1827 — 28	2494	2357	2147	2042
1828 — 29	2427	2349	2163	2029
1829 — 30	2610	2475	2226	2404
1830 — 31	2456	2265	2029	1859
1831 — 32	2621	2465	2203	1811
1832 — 33	2732	2597	2377	2230
1833 — 34	3286	3093	2867	2666
1834 — 35	3419	3303	2907	2710
1835 — 36	3454	3274	2982	2727
1836 — 37	3278	3128	2813	2554
1837 — 38	3162	3068	2728	2520
1838 — 39	3154	2955	2661	2452
1839 — 40	3143	2941	2671	2457

(1) L'Ecole de Droit de Paris rétablie en vertu de la loi du 22 ventose an XII (13 mars 1804)
et du décret du 4 complémentaire de la même année (21 septembre 1804), a été organisée
par décret du 13 ventose an XIII (4 mars 1805); ses cours ont été ouverts en novembre 1806.

Tableau des grades conférés à la suite des études et épreuves exigées par la loi de mars 1804 et par le décret organique du 20 septembre suivant, depuis le rétablissement de l'École de Paris jusqu'à l'année 1830-1831 (1).

ANNÉES SCOLAIRES.	CAPACITÉ.	BACCALAURÉAT.	LICENCE.	DOCTORAT.
1805 — 06	1	48	427	»
1806 — 07	4	78	59	6
1807 — 08	»	56	101	4
1808 — 09	10	137	113	4
1809 — 10	34	289	193	1
1810 — 11	53	305	273	6
1811 — 12	45	295	251	10
1812 — 13	38	278	291	9
1813 — 14	26	188	174	2
1814 — 15	20	293	140	4
1815 — 16	36	277	252	3
1816 — 17	51	344	277	»
1817 — 18	81	517	339	16
1818 — 19	49	344	239	11
1819 — 20	108	529	581	13
1820 — 21	77	739	571	4
1821 — 22	97	592	530	2
1822 — 23	75	626	563	7
1823 — 24	90	683	625	11
1824 — 25	83	563	580	5
1825 — 26	95	543	527	15
1826 — 27	94	543	483	14
1827 — 28	84	542	513	8
1828 — 29	127	507	467	13
1829 — 30	119	511	445	13

(1) Du 3 floréal an XIII (23 avril 1805) au 1er novembre 1806, l'École de Droit de Paris a délivré 2,731 diplômes de bachelier et licencié, conformément aux dispositions exceptionnelles des art. 14, 15 et 16 de la loi du 22 ventose an XII; 2,256 personnes ont obtenu des diplômes sans soutenir d'épreuves, et ne figurent pas dans cet état.

Tableau indiquant les examens de Capacité subis pendant les années 1830-1831 à 1839-1840 inclusivement.

NATURE DES EXAMENS.	ANNÉES SCOLAIRES.	EXAMENS SUBIS.	AJOURNE-MENS.	RÉCEPTIONS.	DONT AVEC ÉLOGE.
EXAMENS DE CAPACITÉ.	1830—1831	120	14	106	4
	1831—1832	67	11	56	2
	1832—1833	80	13	67	1
	1833—1834	68	7	61	»
	1834—1835	77	10	67	7
	1835—1836	104	40	64	»
	1836—1837	86	14	72	»
	1837—1838	90	29	61	»
	1838—1839	80	26	54	5
	1839—1840	88	32	56	»

Tableau indiquant les actes publics (thèses de Licence ou de Doctorat) qui ont été soutenus pendant chacune des années 1830-1831 à 1839-1840 inclusivement.

NATURE DES THÈSES.	ANNÉES SCOLAIRES.	THÈSES SOUTENUES.	AJOURNE-MENS.	RÉCEPTIONS.	DONT AVEC ÉLOGE.
THÈSES DE LICENCE.	1830—1831	478	20	458	41
	1831—1832	314	10	304	21
	1832—1833	557	28	529	33
	1833—1834	492	22	470	24
	1834—1835	599	37	562	19
	1835—1836	689	38	651	34
	1836—1837	720	58	662	38
	1837—1838	684	69	615	20
	1838—1839	625	53	572	22
	1839—1840	687	79	608	33
THÈSES DE DOCTORAT.	1830—1831	17	»	17	6
	1831—1832	8	»	8	3
	1832—1833	16	1	15	5
	1833—1834	8	»	8	2
	1834—1835	16	»	16	5
	1835—1836	14	3	11	1
	1836—1837	38	1	37	9
	1837—1838	25	1	24	4
	1838—1839	7	1	26	5
	1839—1840	24	4	20	2

www.ingramcontent.com/pod-product-compliance
Lightning Source LLC
LaVergne TN
LVHW011500170726
843501LV00009B/3517